Un épisode de l'histoire de l'esclavage aux États-Unis

par

Paul ALLARD

Édition : BoD · Books on Demand, 31 avenue Saint-Rémy, 57600 Forbach, bod@bod.fr
Impression : Libri Plureos GmbH, Friedensallee 273, 22763 Hamburg (Allemagne)
ISBN : 978-2-3225-6197-1
Dépôt légal : Mars 2025

Nous nous faisons souvent une idée fausse, ou du moins trop exclusive, du citoyen des États-Unis. Aux yeux de beaucoup de Français, le Yankee est un être bizarre, de conscience large et de manières douteuses, n'ayant qu'un but, la fortune, et marchant toujours devant lui, sans s'inquiéter des obstacles matériels et moraux, jusqu'à ce qu'il l'ait atteinte. *Go ahead !* en avant ! telle est sa devise : elle le pousse sur tous les chemins à la poursuite du veau d'or. Celui-ci est son vrai culte, son unique idéal. Que ces traits conviennent à bien des Américains d'origine ou d'adoption, chercheurs d'or, pionniers, émigrants, qu'ils s'appliquent surtout à cette classe si nombreuses de politiciens de profession dont la vénalité, la rapacité, l'absence de scrupules sont devenues proverbiales, personne ne songerait à le contester ; mais il faudrait être aveuglé par les préjugés ou l'ignorance pour ne pas reconnaître que la grande république américaine offre, aussi abondamment que n'importe quelle autre société, parmi ses citoyens illustres comme parmi ses obscurs travailleurs, de hauts et purs caractères, des types de droiture, d'intégrité, de délicatesse morale, qui n'ont rien à envier aux plus nobles représentants de nos vieilles civilisations européennes.

Un curieux livre, dû à la plume d'un ancien ministre des États-Unis à Paris, M. Washburne, a mis en lumière, il y quelques années, la figure d'un homme de bien tout à fait ignoré en France, et dont le souvenir commençait à s'effacer même en Amérique [1]. Qui a, parmi nous, entendu parler d'Édouard Coles ? Personne, très probablement. Ce héros inconnu mérite cependant d'être restitué à l'histoire. Tous ceux pour lesquels la droiture et l'énergie, mises au service d'une cause juste, d'une idée bienfaisante et noble, sont un spectacle attrayant, remercieront la Société historique de Chicago d'avoir décidé M. Washburne à écrire sa vie. Édouard Coles fut un des adversaires les plus décidés de l'esclavage, à une époque où l'on ne songeait guère à son abolition. Il ne se contenta pas de l'attaquer par la parole et par la plume : il osa aller jusqu'au bout de ses idées, et, par un admirable scrupule de conscience, se dépouiller lui-même d'une partie de sa fortune en donnant la liberté à tous ses esclaves. Homme politique, il demeura fidèle aux idées et aux actes de l'homme privé, bravant l'impopularité, la haine d'ennemis acharnés, pour préserver de la tache de l'esclavage la partie du sol américain dont le hasard d'une élection assez étrange lui avait conféré le gouvernement. Enfin, poursuivi jusque dans ses intérêts privés par la vengeance d'adversaires sans pitié et sans mesure, il dut, pendant plusieurs années, défendre à un procès ruineux et bizarre, qu'un comté tout entier lui intentait pour le punir d'avoir, longtemps auparavant, obéi à ses sentiments d'homme et de chrétien en affranchissant ses propres Nègres. Cet acte de sa jeunesse est comme le pivot sur lequel roule toute sa vie : de longues études, de consciencieuses méditations l'y préparent ; il s'en inspire quand les hasards de la politique lui ont mis le pouvoir en main, et plus tard il l'expie chèrement, mais sans jamais s'en repentir. Il s'était dit un jour, presque au sortir de l'enfance : « Je ne me reconnais pas le droit de posséder des esclaves », et il avait conformé à cette idée toute son existence privée et publique. Lui aussi, partant d'un principe absolu, mais assurément bien désintéressé, il s'était écrié : En avant ! *Go ahead !* et il avait marché devant lui, sans dévier jamais de son inflexible voie, traçant l'image et laissant le souvenir d'une des vies les plus droites qui furent jamais. Curieuse figure, qui n'est point celle d'un rude fanatique, mais d'un vrai gentleman, doucement et consciencieusement obstiné, toujours calme, correct et froid : ses lettres sont d'un homme du meilleur monde, et le portrait publié en tête du livre de M. Washburne lui donne une tête à la Guizot, avec quelque chose de plus attendri et de plus souriant.

J'en ai dit assez pour faire comprendre l'intérêt de la rapide étude que je me propose de faire à la suite du biographe d'Édouard

Coles. Elle mettra sous nos yeux un épisode très curieux et à peu près inconnu des luttes qui précédèrent de loin et certainement préparèrent l'abolition de l'esclavage aux États-Unis, épisode attachant et grandiose, si l'on regarde l'enjeu du combat et la pureté de caractère du principal héros, mais en même temps étrange et répugnant par les mœurs politiques qu'il révèle, et qui sont plus ou moins celles de toute démocratie organisée. Bien des traits nous feront reconnaître dans les politiciens qui poursuivirent Coles de leurs fraudes, de leurs dénonciations et de leurs rancunes, à la fois des descendants des sycophantes athéniens et des frères aînés des prétendus hommes d'État qui, en France, ont abaissé au triste niveau que nous voyons cette chose autrefois si haute et, dans un certain sens au moins, si désintéressée, la vie politique.

<h2 style="text-align:center">I</h2>

Édouard Coles naquit en 1786, dans l'état de Virginie, patrie du libérateur Washington et d'un des plus anciens et des plus illustres adversaires de l'esclavage, Thomas Jefferson. Malgré les traditions libérales que rappelaient ces grands noms, la Virginie était à cette époque ce qu'elle fut sous la domination anglaise, ce qu'elle devait être jusqu'au suprême déchirement de 1860, le pays esclavagiste par excellence. Un an après la naissance de Coles, quand fut votée la constitution fédérale, l'esclavage existait encore dans tous les États, sauf le Massachusetts, où il avait été aboli dès 1780 ; mais la Virginie, le Maryland et les deux Carolines contenaient, à eux seuls, les cinq sixièmes de la population servile. Quand sept États, sur treize qui formaient la confédération primitive, eurent banni de leur sein la servitude, la Virginie en demeura l'inexpugnable citadelle. Malgré la douceur de son climat, un des plus salubres et des plus tempérés de l'Amérique du

Nord, elle persistait à demander au labeur des Noirs une richesse et un bien-être que le travail libre lui eût certainement procurés. Elle fit plus et pire encore : après l'abolition de la traite, les planteurs de Virginie devinrent *éleveurs de Nègres*, et leurs riches domaines furent transformés en haras humains, dont les produits étaient versés sur les marchés de la Géorgie, de l'Alabama, du Mississipi, de la Louisiane. Pendant la première moitié de ce siècle, les éleveurs virginiens vendaient, chaque année, de 40 à 50.000 Nègres, nés sur leur sol, et représentant une valeur de 100 millions de francs. Il est inutile d'insister sur l'épouvantable immoralité que développait, chez les Blancs comme chez les Noirs, ce trafic impie, crime social mêlé de turpitudes domestiques sur lesquelles on ose à peine arrêter le regard.

Rien ne fait penser que le berceau d'Édouard Coles ait été entouré de telles horreurs ; cependant son père, ancien colonel de la guerre de l'indépendance, possédait des esclaves. Après la mort de celui-ci, le jeune Coles, âgé de vingt-trois ans, se trouva maître d'une plantation garnie de ce que les Romains appelaient *instrumentum vocale*, un mobilier à voix humaine : une lettre écrite par lui, bien des années plus lard, nous apprend que les esclaves formaient environ un tiers de son patrimoine. Depuis longtemps la ferme raison et la conscience droite du jeune homme envisageaient avec anxiété le moment où il serait appelé à posséder des êtres semblables à lui, au même titre que des bœufs ou des chevaux. Sur les bancs du collège il s'était déjà posé cette question : Peut-on être propriétaire d'hommes ? Lectures, conversations, réflexions personnelles, tout l'avait amené à une réponse négative : bien des fois il avait relu, avec un respect superstitieux, la déclaration de 1776, cette charte fondamentale, presque cet évangile de la liberté américaine, et toujours l'article proclamant *that all men are born free and equal* lui avait paru incompatible avec le maintien de l'esclavage. Bien d'autres, sans doute, même parmi ses compatriotes de la Virginie, s'étaient posé de telles questions, et avaient entendu, dans le secret de leur conscience, de semblables réponses ; mais ils avaient étouffé celles-ci sous des sophismes, ou les avaient écartées par un simple mouvement d'intérêt personnel. Washington lui-même, résolu d'affranchir ses esclaves, différa cet acte jusqu'à la mort, et ne leur donna la liberté que par testament. Coles, plus généreux et plus logique, décida qu'il n'aurait pas d'esclaves. Mais avec la maturité précoce de son esprit, il ne voulut pas qu'un acte aussi grave que celui qu'il méditait fût accompli d'enthousiasme, et parût l'effet d'un entraînement juvénile. Bien des questions d'ordre matériel devaient, d'ailleurs, être prévues et recevoir une solution, avant que la liberté pût être donnée aux Nègres qui travaillaient sur sa terre. Coles résolut de prendre son temps, de mûrir sans précipitation ce projet, de tout préparer à loisir pour son accomplissement ; aussi accepta-t-il avec joie la place de secrétaire particulier du président des États-Unis, M. Madison, poste honorable, agréable, de nature à lui créer des relations qu'il comptait mettre un jour à profit, quand il lui faudrait faire choix d'une nouvelle patrie : il sentait, en effet, qu'après avoir affranchi ses esclaves il ne lui serait plus possible de demeurer en Virginie, où une formidable impopularité s'attacherait à sa personne.

Pendant son séjour dans la maison du président, Édouard Coles se mit en rapport avec l'un des hommes les plus célèbres qu'il y eût alors aux États-Unis, l'un des pères de l'indépendance américaine, Thomas Jefferson. Nous avons le droit, à distance, de penser que le rôle de Jefferson a été surfait, qu'il ne s'éleva guère au-dessus de l'esprit déclamatoire du XVIIIe siècle, que son séjour en France, à la veille de 1789, eut de fâcheux résultats, et qu'il ne fut, au fond, qu'un médiocre et dangereux disciple de Rousseau ; mais, en 1814, lorsque Coles lui écrivit pour la première fois, le nom de Jefferson était entouré d'un prestige immense. Il avait été le rédacteur de la déclaration d'indépendance de 1776, dans laquelle se lisent ces mots : « Tous les hommes ont été créés égaux, doués par le Créateur de droits inaliénables, au nombre desquels est la liberté » ; il avait essayé de faire passer dans la constitution de 1787 un article condamnant l'esclavage, et cet article avait été repoussé à la majorité d'une seule voix : on comprend qu'aux yeux de Coles il personnifiât plus que tout autre la cause de la liberté des esclaves, à laquelle le jeune secrétaire du président Madison avait résolu de consacrer sa vie et de sacrifier sa fortune.

Cette cause lui paraissait gagnée d'avance si Jefferson, chargé d'ans et de gloire, voulait prendre l'initiative d'un grand mouvement en sa faveur. « Mon but, écrit-il au vieux politique, le 14 juillet 1814, est de vous supplier d'employer vos talents et votre influence pour combiner et mettre en œuvre un plan d'extinction graduelle de l'esclavage. Cette tâche appartient d'abord aux auteurs vénérés des bienfaits sociaux et politiques dont nous jouissons : elle puiserait une force particulière dans l'appui de ceux dont la valeur, la sagesse et la vertu ont tant fait pour améliorer la condition du genre humain. Et c'est, il me semble, un devoir qui vous incombe de préférence, à cause de la largeur de vos vues philosophiques, des principes que vous avez professés et pratiqués pendant une longue vie, consacrée tout entière à établir sur les bases les plus larges les droits de l'homme, la liberté et l'indépendance de votre pays, honorée par les grands emplois que vous ont confiés vos concitoyens, dont l'affection vous suit jusque dans les ombres de la vieillesse et de la retraite. Dans le calme de cette retraite, vous pouvez, au grand bénéfice de la société et de votre gloire, faire appel à la confiance et à l'amour de tous, pour leur persuader de mettre complètement en pratique les principes contenus dans la célèbre déclaration dont vous êtes l'immortel auteur, et sur laquelle nous avons fondé notre droit de résister à l'oppression, d'établir notre liberté et notre indépendance. »

La lettre de Coles est trop longue pour être traduite tout entière, mais elle mérite d'être lue, car, malgré la pompe un peu artificielle du langage, qui porte le cachet philosophique et littéraire de l'époque, elle fait le plus grand honneur à la noblesse et à la candeur de ses sentiments. Il termine ainsi : « Mon excuse pour la liberté avec laquelle je m'adresse à vous sur un sujet qui me tient si particulièrement au cœur, c'est que, depuis l'heure où j'ai été capable de réfléchir à la nature de notre société politique et aux droits qui appartiennent à l'homme, non seulement j'ai été, en principe, opposé à l'esclavage, mais encore il m'a inspiré une telle répugnance, que j'ai résolu de ne point avoir d'esclaves : cette résolution m'oblige à quitter mon pays natal et à rompre avec mes connaissances et mes amis. »

La réponse de Jefferson est curieuse : c'est celle d'un politique retiré des affaires, sur lequel l'enthousiasme n'a point de prise. Elle renferme des renseignements intéressants sur le passé, des avis que l'on ne s'attendrait point à rencontrer sous la plume d'un patriarche des doctrines libérales, et enfin l'assurance que, du fond de sa retraite, le vieux solitaire priera le ciel avec ferveur pour le succès de la cause à laquelle Coles s'est dévoué. « Depuis mon retour d'Europe en 1789, lui écrit Jefferson, votre voix est la première qui ait apporté à mon oreille un son de liberté. » Mais les idées particulières de Jefferson sur l'affranchissement des esclaves ne sont point celles de Coles, et surprennent de la part d'un si absolu théoricien des droits de l'homme : qu'un jour l'Amérique puisse être délivrée du travail servile, mais à condition d'être en même temps délivrée des Noirs ! « Il faudrait, dit-il, indiquer une certaine date, à partir de laquelle chacun naîtrait libre, et en même temps élever les enfants d'esclaves nés depuis ce moment, de manière à pouvoir, à un âge fixé, les mettre hors du pays. Mais l'idée d'émanciper à la fois les vieux et les jeunes, et de les conserver ensuite dans notre pays, est repoussée par l'expérience : quelle que soit leur couleur, des hommes qui, depuis l'enfance, ont vécu sans penser, sont aussi incapables que des enfants de prendre soin d'eux-mêmes, et deviennent le fléau de la société par leur paresse et leurs déprédations : en particulier, les hommes de couleur ne pourront jamais se mêler avec les Blancs sans amener une dégradation que nul citoyen dévoué à la patrie, nul penseur dévoué à l'excellence de la nature humaine, ne conseillerait sans crime. »

Jefferson est un ami fort tiède de la liberté des Noirs. En fidèle disciple de Rousseau, il proclame « l'excellence de la nature humaine », ce dogme fondamental de la philosophie du XVIIIe siècle, à la condition sous-entendue que les Blancs participent seuls à cette « excellence ». Aussi n'est-on point surpris de le voir s'excuser poliment auprès de Coles, et lui dire : « L'entreprise à laquelle vous me conviez est faite pour les jeunes gens ; vous aurez mes prières : ce sont les seules armes d'un vieillard. » Jefferson ne retrouve quelque chaleur que pour essayer de détourner son correspondant de la pensée d'abandonner la Virginie et d'affranchir ses esclaves. Cela lui paraît un peu fou. « Mon opinion a toujours été que, jusqu'à ce qu'on puisse faire mieux, nous devons, dans l'intérêt de ceux que la fortune a remis entre nos mains, nous efforcer de les bien nourrir, de les bien vêtir, de les protéger contre les mauvais traitements, de ne leur imposer que le travail que l'on demanderait à des hommes libres, et de ne point écouter les répugnances qui nous entraîneraient à les abandonner, et à déserter en même temps nos devoirs envers eux. » Ce sont à peu près les arguments que nous avons entendu employer naguère par les apologistes du Sud : on croirait qu'en vieillissant, Jefferson a laissé tomber, comme une mince couche de terre végétale artificiellement rapportée, le libéralisme qui fit sa gloire et sa fortune politique ; il ne reste plus, à la fin, que le tuf natal, je veux dire les sentiments traditionnels du planteur virginien. « Demeurez donc, écrit-il à Coles, réconciliez-vous avec votre pays et avec sa malheureuse condition : mêlez-vous à sa vie, parlez, écrivez en faveur de la cause qui vous est chère, mais ne faites pas davantage : je prierai pour vous avec sincérité et ferveur. »

Ô La Fontaine ! quel prophète tu fus, quand tu fis parler ainsi ton *Rat retiré dans un fromage de Hollande* ! Coles aperçut-il toute la portée de cette lettre, et comprit-il la différence du Jefferson de la réalité avec celui de la légende ? Non, car, toute sa vie, il resta plein d'admiration pour l'illustre homme d'État, dont, en 1826, il déplora la mort en termes magnifiques. Douze ans auparavant, il était encore à l'âge où le respect empêche de juger les grands hommes, et où l'on se prosterne devant les idoles, même quand elles laissent paraître leurs pieds d'argile. Cependant il ne se laissa point persuader par les conseils opportunistes du vieux révolutionnaire devenu ermite. Dans une nouvelle lettre, très respectueuse, il persiste à réclamer l'aide de Jefferson, évite de se prononcer sur les idées particulières de celui-ci, lui rappelle l'exemple de Franklin qui, dans sa vieillesse, avait efficacement travaillé à l'affranchissement des esclaves de la Pennsylvanie, déclare que sa résolution d'émanciper ses Nègres et de quitter la Virginie est irrévocable, et, non peut-être sans quelque pensée d'épigramme, demande à Jefferson « des prières qui puissent être entendues à la fois au ciel et sur la terre ». Jefferson ne répondit pas : Coles ne songea point à lui écrire de nouveau.

En 1815, il résigna ses fonctions de secrétaire de M. Madison, et entreprit un voyage dans le Nord-Ouest, afin de chercher le lieu de son futur établissement. Cette recherche fut interrompue par une mission diplomatique en Russie, que lui confia en 1816 le président, et dont, malgré sa jeunesse, il se tira avec honneur. En 1819, son parti était enfin pris, et il avait décidé de s'établir dans l'Illinois, territoire qui venait d'être élevé à la dignité d'État. Le moment était arrivé d'accomplir, résolument et sans emphase, l'acte auquel, depuis plusieurs années, se rapportaient toutes ses méditations et toutes ses études, et qui, on le verra, devait influer ensuite sur sa vie entière.

II

« Il m'était impossible, dit Coles, d'accorder avec ma conscience et avec mon sentiment du devoir la pensée de prendre part à l'esclavage. Incapable d'y trouver un abri contre les protestations de ma conscience et les justes reproches, me semblait-il, de la terre et du ciel, je ne pouvais consentir à conserver comme propriété ce sur quoi je n'avais aucun droit, et ce qui n'était ni ne pouvait être une propriété, selon ma manière de concevoir les droits et les devoirs de l'homme. En conséquence, je décidai que je ne voudrais ni ne pourrais garder mes semblables comme esclaves. »

Cette noble résolution soulevait dans la pratique de grandes difficultés. Avant tout, il fallait rompre avec son pays d'origine, avec ses amis, avec ses parents. L'homme qui, en Virginie, aurait eu l'audace d'affranchir ses esclaves, comme Coles méditait de le faire, aurait blessé au point sensible, dans leur intérêt à la fois et dans leur honneur, tous ses concitoyens : poursuivi par la haine publique, le séjour du plus esclavagiste des États lui serait devenu impossible. De plus, la loi de Virginie exigeait que tout Nègre quittât le pays un an après son émancipation : ce qui, on le verra, eût été contraire aux bienfaisantes intentions de Coles pour l'avenir de ses futurs affranchis. Il lui fallait donc se séparer, déraciner sa vie à l'âge de trente-trois ans, abandonner le luxe, la richesse, le raffinement du *high life* virginien, au milieu duquel il avait été nourri, imposer silence aux goûts élevés et polis qu'il avait contractés dans l'élégante maison du président Madison, puis dans son voyage diplomatique à travers l'Europe, pour se faire émigrant et s'enfoncer, en compagnie de ses Noirs, dans un pays neuf, à peine peuplé, dont rien ne faisait présager encore la prodigieuse fortune. Plus d'un, même parmi les mieux trempés, eût reculé devant un tel sacrifice.

Coles n'hésita pas. Le 1er avril 1819, il fit sortir de son domaine patrimonial de Rockfish tous ses Nègres, à l'exception de deux vieilles femmes infirmes, qu'il laissait en Virginie, et dont il prit l'entretien à sa charge. Les esclaves savaient que leur maître les conduisait dans les territoires du Nord-Ouest ; mais ils ignoraient son généreux dessein. Un mulâtre, nommé Ralph Crawford, fut mis à leur tête ; entassés dans des chariots d'émigrants, ils traversèrent les Alleghanies, se dirigeant vers Brownsville, en Pennsylvanie. Coles, qui était resté en arrière, et devait faire le voyage à cheval, les rejoignit à une journée de cette ville. À Brownsville, il acheta deux bateaux plats et s'embarqua sur l'Ohio avec ses Nègres, ses chevaux, ses voitures. Le but de l'expédition était un domaine situé à Edwardsville, dans l'Illinois : pour l'atteindre, il fallait suivre sur une longueur de six cents milles le cours de l'Ohio, puis débarquer dans l'Indiana, un peu au delà de Louisville, et gagner par terre le lieu choisi pour le nouvel établissement. À Pittsburg, le pilote qui dirigeait la navigation, ivrogne et incapable, dut être débarqué : Coles s'improvisa alors capitaine et pilote tout ensemble.

Le lendemain du jour où la petite flottille quitta Pittsburg, le soleil se levait sur un doux matin d'avril : le ciel était sans nuage : les deux bateaux, liés ensemble, glissaient sur les belles eaux de l'Ohio, entre des rives pittoresques, où le printemps mettait sa première verdure. Coles appela tous ses Nègres sur le pont : « Il est temps, leur dit-il, de vous faire connaître mes intentions ; vous n'êtes plus esclaves, vous êtes libres, libres comme moi, libres de me quitter ou de me suivre, comme vous voudrez. » L'effet de cette courte allocution fut prodigieux. Les pauvres gens se regardaient, en silence, incapables de prononcer une parole, se croyant le jouet d'un rêve. Peu à peu, le sentiment de la réalité leur revint : un rire éclatant, machinal, presque hystérique, les saisit. Puis, un silence profond se fit de nouveau : des larmes coulèrent de tous les yeux : tous, d'une voix tremblante, implorèrent sur leur maître la bénédiction de Dieu. Quand la première émotion fut enfin calmée, le mulâtre Ralph se fit l'interprète de ses compagnons.

— Je savais depuis longtemps, dit-il à Coles, que vous aviez résolu de ne plus garder de Nègres comme esclaves, et je pensais qu'un jour ou l'autre vous donneriez à mon peuple la liberté. Mais je ne croyais pas que vous le feriez si tôt. Je pensais que vous attendriez que notre travail eût remboursé les frais de ce voyage, eût mis en état votre ferme, et vous eût bien établi dans votre nouveau pays.

— Nous pensons tous ainsi, s'écrièrent les Nègres ; nous voulons rester avec vous, pour vous servir, jusqu'à ce que votre établissement soit terminé.

— Je ne le veux pas, répondit Coles. Ma volonté est de vous donner la liberté immédiatement et sans conditions. Pendant longtemps j'ai attendu avec impatience le moment de le faire ; j'ai été retardé d'abord par la vente de ma propriété de Virginie, puis par le temps nécessaire pour en toucher le prix, et par diverses autres circonstances. En considération de ce délai, comme récompense de vos services passés, comme encouragement pour l'avenir, espérant vous grandir ainsi dans votre propre estime et vous gagner l'estime des autres, je donnerai, quand nous serons arrivés à destination, une concession de cent soixante acres de terre à tout chef de famille et à tout célibataire âgé de plus de vingt-quatre ans.

— Non, non ! s'écrièrent les Nègres, c'est trop ! Vous avez assez fait pour nous en nous accordant la liberté. Gardez vos terres, pour subvenir à vos propres besoins. Serez-vous encore assez riche, après nous avoir affranchis ?

— J'ai pensé beaucoup à mon devoir et à vos droits, répondit simplement Coles ; ils m'obligent à faire ce que je viens de vous annoncer.

Quand on fut arrivé au lieu fixé pour le débarquement, à quelque distance au delà de Louisville, les bateaux furent vendus, et la petite troupe se dirigea vers l'Illinois, sous la conduite de Ralph. Coles se rendit de son côté à Edwardsville. Dès que tous les Nègres l'y eurent rejoint, il remit à chacun des ayant-droit les titres de la concession qu'il avait promise :

— Les terres que je vous donne, dit-il, sont toutes incultes. Vous ne possédez point encore le capital nécessaire pour vous y établir et commencer à les mettre en valeur. Vous devrez vous louer comme ouvriers jusqu'à ce que vous ayez réuni les fonds suffisants, et que vous puissiez songer enfin à cultiver vos propres terres. Je suis prêt à engager et à employer dans ma ferme tel et tel d'entre vous ; j'exhorte les autres à chercher un emploi à Saint-Louis, à Edwarsville, etc., où des hommes, des femmes, jeunes, actifs, robustes, trouveront des salaires bien supérieurs à ceux qu'ils pourraient obtenir dans les fermes.

À ces paroles, des murmures se firent entendre. Plusieurs se montrèrent jaloux des Nègres que le maître avait désignés pour travailler sur sa terre :

— Nous devons vous être tous aussi chers, s'écrièrent-ils. Pourquoi garder les uns, et jeter les autres dans le monde pour y être maltraités ?

— Vous oubliez que vous êtes maintenant des hommes libres, répondit doucement Coles. Nul n'a le droit de vous battre ou de vous maltraiter. Vous pourrez changer de place, quitter un lieu, aller dans une résidence meilleure. Le travail est très demandé dans ce pays neuf, les ouvriers y reçoivent de très hauts gages : il vous sera facile de trouver de bonnes places, et d'y être bien traités. D'ailleurs, n'oubliez pas que je serai là, à votre disposition, et que, si quelqu'un vous fait souffrir, je saurai vous obtenir justice.

Puis, leur ouvrant son cœur, Coles ajouta ;

— Conduisez-vous donc bien, mes chers amis, tâchez de réussir, non seulement dans votre propre intérêt, mais encore dans celui de toute la race noire, dans l'intérêt de vos frères encore retenus dans les liens de l'esclavage. Beaucoup d'entre eux y restent parce que leurs maîtres les croient incapables d'avoir soin d'eux-mêmes et estiment que la liberté leur serait plus nuisible qu'utile. Mon désir, plein d'anxiété, c'est que vous puissiez vivre de manière à prouver par votre exemple que les enfants de l'Afrique sont capables de se conduire et de se gouverner, de participer à tous les bienfaits de la liberté, à tous les droits naturels de l'homme ; vous ferez ainsi faire un grand pas à la cause de l'émancipation de toute une portion malheureuse et maltraitée de la famille humaine. »

Un inconvénient inévitable dans une confédération formée de nombreux États, comme est la grande république de l'Amérique du Nord, c'est l'ignorance à peu près forcée où se trouve l'émigrant qui passe d'un pays dans un autre sans connaître les lois particulières de la nouvelle contrée qui le reçoit à titre définitif ou provisoire. Édouard Coles devait en être victime. Avant de descendre de bateau, il avait donné à ses Nègres un certificat général de libération, dans lequel leurs noms, âges, etc., étaient indiqués. Arrivé dans l'Illinois, il apprit que ce titre pouvait être critiqué. La législature de cet État avait, dans sa dernière session, voté une loi portant obligation pour tout Nègre libre de prouver sa libération, à peine d'emprisonnement pour lui, et d'amende pour quiconque l'emploierait. On fit remarquer à Coles la nécessité, pour se conformer à cet article, de donner un certificat individuel à chacun de ses affranchis. Il s'y refusa d'abord, non sans motif, car si la loi avait été votée, elle n'avait point encore reçu de promulgation. Cependant, sur l'avis d'un des meilleurs jurisconsultes de l'Illinois, Daniel P. Cook, il consentit à donner à ses Nègres fixés dans cet État des actes d'affranchissement séparés. En tête de chacun, il mit un préambule uniforme ; après avoir exposé que son père lui avait laissé tel esclave noir, il disait : « Croyant que l'homme ne peut avoir un droit de propriété sur l'homme, mais que, au contraire, le genre humain tout entier a reçu de la nature des droits égaux, je restitue, par ces présentes, à

X..., l'inaliénable liberté dont il avait été privé. » Si le nom de Dieu était mêlé à ces belles paroles, on croirait lire certains actes d'affranchissement des premiers temps chrétiens ou du commencement du Moyen Âge, retrouver quelque formule oubliée du recueil de Marculfe.

Ce certificat d'affranchissement servit de prétexte, quelques années plus tard, à un long et pénible procès, dont nous aurons à parler dans la suite de cette étude.

III

La venue d'un homme aussi distingué que Coles, dans un État en formation comme était alors l'Illinois, ne pouvait passer inaperçue. Il n'y entrait point, d'ailleurs, sans un titre officiel. Le successeur de Madison, M. Monroe, lui avait confié les fonctions de *register of the land office* à Edwardsville. Par cet emploi, il se trouva mis en rapport avec les nombreux émigrants qui arrivaient chaque jour dans l'Ouest, et devaient se présenter à son bureau pour se faire délivrer, moyennant une faible somme, des concessions de terres inoccupées appartenant à l'État. Promptement il fut populaire. Le pauvre colon, vêtu de peaux et chaussé de mocassins, qui, exténué par de longues marches, portant à peine quelques dollars dans sa ceinture, entrait dans *l'office* du *registrar*, et y rencontrait un homme jeune, distingué, vêtu avec élégance, d'un accueil agréable et facile, d'un bon et utile conseil, en sortait presque toujours charmé. Beaucoup savaient qu'il avait été secrétaire du dernier président, qu'il avait fait un voyage officiel en Europe, et ces circonstances ajoutaient encore à son prestige. Aussi quand, au mois d'août 1832, les habitants de l'Illinois durent élire un nouveau gouverneur, Coles, qui avait à peine trois ans de séjour dans l'État, se trouva-t-il, presque sans y songer, l'un des candidats. Sur 8.625 votants, il eut 2.810 voix, et fut élu, car la majorité relative suffisait, et, de ses trois concurrents, le plus favorisé n'avait recueilli que 2.760 votes, les deux autres 2,343 et 522. Étrange condition des pays démocratiques, où bien souvent l'élu ne représente qu'une faible minorité des électeurs inscrits, ou même des votants ! Telle est la fiction, certains diraient volontiers le mensonge, du suffrage universel.

Mais, pour Coles, comme trente-huit ans plus tard, sur un plus vaste théâtre, pour Lincoln [2], cette fiction, ce mensonge, servit utilement une grande cause. Bien que, en 1818, la convention de Kaskaskia eût interdit l'esclavage dans l'Illinois, conformément à une loi de 1787 qui le prohibait dans tous les territoires situés au nord-ouest de l'Ohio, cependant les opinions favorables à l'asservissement des Noirs comptaient au sein du nouvel État de très nombreux partisans. Beaucoup de ses anciens habitants ne pouvaient oublier qu'avant d'être cédé, en 1784, aux États-Unis, l'Illinois dépendait de la Virginie, l'État à esclaves par excellence, et, invoquant l'acte de cession, qui stipulait pour chacun le maintien de ses droits, possessions et libertés, ils prétendaient pouvoir continuer à posséder des esclaves. De plus, la population nouvelle était composée en partie d'esclavagistes, car un fort courant d'émigration se dirigeait des États à esclaves vers l'Illinois. Deux des concurrents de Coles, qui représentaient ces opinions, avaient recueilli ensemble 5.303 voix, tandis que Coles et l'autre candidat, opposés à l'esclavage, n'en avaient réuni que 3.322. Donc le suffrage populaire, par une étrange rencontre, acclamait l'esclavage, et portait au pouvoir un de ses plus puissants et plus intrépides adversaires. La pluralité des candidats esclavagistes, en divisant les voix, avait seule amené cet heureux mais absurde résultat ; on le vit bien lors de l'élection du lieutenant-gouverneur. Un seul candidat se présenta cette fois pour le parti esclavagiste et fut élu [3].

Dans son *speech* d'installation, prononcé devant les deux Chambres de l'État, – un parlement en miniature, composé de vingt sénateurs et trente-six députés, – Coles parla de la question qui avait été présente à tous les esprits durant la période électorale. Il rappela que, malgré la loi de 1787, il y avait encore des esclaves en Illinois, et invoqua ardemment l'intervention de la législature en leur faveur. « La justice et la liberté, dit-il, réclament de nous une révision générale des lois relatives aux Nègres, afin de les mieux adapter au caractère de nos institutions et à la situation du pays. » Il insista sur la nécessité de faire des lois plus efficaces contre le *kidnapping*, c'est-à-dire le vol des Noirs libres pour les réduire en esclavage, crime analogue au *plagiat* du droit romain.

Coles avait été trop vite : il s'était découvert avant l'heure, et ses adversaires profitèrent habilement de sa faute. Une commission nommée par la législature pour examiner cette partie de son discours, répondit que, quelles que fussent les dispositions de l'ordonnance de 1787, « le peuple de l'Illinois avait le droit de changer sa constitution, comme le peuple de la Virginie ou de tout autre État, et pouvait prendre, relativement à l'esclavage des Nègres, telles dispositions qu'il voudrait, nonobstant tous contrats, ordonnances, etc. ; que, par conséquent, la seule manière de résoudre les questions posées par le message du gouverneur était de convoquer une convention souveraine ayant pour objet de réviser la constitution. »

Le coup était droit et bien porté. Les adversaires de Coles, habiles et audacieux joueurs, mettaient subitement le débat sur un terrain nouveau, plein d'imprévu et de surprises, et qui, aux États-Unis comme dans l'Ancien Monde, ne peut être abordé sans une profonde agitation des esprits : la révision des lois constitutionnelles. Coles, emporté par l'ardeur de la jeunesse, par la générosité de son dévouement à une noble cause, mal armé encore contre les ruses des politiciens, avait, sans le vouloir, déchaîné une tempête.

Il y tint tête courageusement ; mais combien cet homme droit et franc dut souffrir dans la lutte ! Rien, au moins jusqu'à ces derniers temps, n'aurait pu, en France, donner une idée des misérables inventions, des expédients honteux, auxquels s'abaissèrent ses ennemis ou plutôt les ennemis de la liberté, poursuivie en sa personne. Le temps et l'espace me manquent pour reproduire ici les types de politiciens à la fois grotesques et dangereux, singes et renards, que fait passer sous nos yeux le livre de M. Washburne, aidé des curieuses notes d'un contemporain, le juge Gillespie, une sorte de La Bruyère ou de Saint-Simon illinois qui excelle à dessiner en quelques traits un caractère, à mettre en relief une laide tête, un cœur malfaisant ou un rustre mal élevé. Hélas ! ces types paraîtraient peut-être moins étranges et moins neufs, aujourd'hui, qu'ils n'auraient semblé, il y a quelques années : les mœurs politiques se sont tellement abaissées chez nous, elles ont si rapidement descendu la fatale pente démocratique, que certaines fractions des Chambres françaises, en cette fin de siècle, ne s'élèvent point beaucoup au-dessus de l'humble niveau intellectuel et moral où était encore la majorité du petit parlement illinois en 1822. Un incident fera juger des tricheries auxquelles se prêtait alors, en Amérique, le jeu parlementaire.

Pour que le peuple fût appelé à voter sur la réunion d'une convention, ayant pour but de réviser les lois constitutionnelles, il fallait que la question lui fût soumise par une résolution des deux Chambres, prise à la majorité des deux tiers de leurs membres. Le sénat de l'Illinois était précisément formé pour les deux tiers d'esclavagistes. De ce côté, la majorité voulue était acquise. Mais, à la Chambre basse, le parti de la révision, – ou de l'esclavage, c'était tout un, – quoique en majorité, manquait d'une voix pour atteindre le nombre requis par la loi. Comment faire pour y parvenir ? Il n'y avait qu'un moyen : un coup de force parlementaire. Mais sur quoi le faire porter ? Sur une élection. Nous savons, en France, comment un parlement annule des élections désagréables à la majorité, même lorsqu'elles sont parfaitement légales. Nos députés ont montré leur savoir-faire dans ce genre, en 1877 et depuis. Mais il ne leur est pas encore arrivé d'annuler, au mépris de la chose jugée, une élection plusieurs mois après l'avoir validée, et cela uniquement pour remplacer un membre de la minorité par une *persona grata*, dont ils estiment le concours utile à leurs idées ou à leurs passions. Les politiciens de l'Illinois donnèrent ce spectacle édifiant, qui un jour peut-être se reproduira chez nous, tant nos progrès dans la voie du sans-gêne parlementaire sont maintenant rapides !

Un député, nommé Hansen, avait eu pour concurrent, dans le comté de Pike, un ardent esclavagiste du nom de Shaw, surnommé « le Prince-Noir » à cause du grand nombre de « demi-sang » nés sur ses terres. L'élection de Hansen avait été validée par la Chambre le 9 décembre 1822. Il n'était pas encore question de la révision des lois constitutionnelles. Quand l'agitation eut été commencée, les meneurs de la majorité révisionniste, en quête d'une voix, et mécontents d'un précédent vote de Hansen, résolurent de chasser celui-ci de son siège et d'y introduire « le Prince-Noir ». Le 12 février 1823, le colonel Field, revenant sur la chose jugée neuf semaines auparavant, attaqua violemment l'élection de Hansen, et produisit un certificat d'un ami de Shaw attestant que celui-ci avait été élu : la majorité de la Chambre déclara Hansen déchu de son siège [4] et Shaw député. Le tour était joué. Le parti révisionniste posséda désormais le nombre de voix nécessaire pour que, par les deux tiers des votes des deux Chambres, une résolution fût passée appelant le peuple de l'Illinois à se prononcer sur l'opportunité de convoquer une convention, chargée de réviser les lois constitutionnelles, c'est-à-dire d'ouvrir à l'esclavage le territoire de l'État, que la constitution actuellement en vigueur lui avait fermé.

Pendant un an et demi, l'Illinois fut en proie à une agitation croissante ; car le plébiscite ne devait avoir lieu que le premier lundi d'août 1824. Les Américains aiment à laisser ainsi mûrir les questions, après les avoir posées ; mais que d'orageux soleils sont nécessaires pour les amener à maturité ! Dès que le vote de la législature eut été acquis, on vit à Vandalia, alors capitale politique de l'Illinois, une procession grotesque, conduite par des juges, d'anciens gouverneurs, des personnages officiels, et formée par la majorité des deux Chambres, manifester sous les fenêtres de Coles, et y faire entendre un charivari où les sons du tambour, de la trompette, des poêles à frire frappées en cadence, se mêlaient à des grognements, à des cris d'animaux, à d'ironiques lamentations. Ce début promettait : la suite tint les promesses. L'État tout entier se divisa en *convention* et *anti-convention men*, et bientôt en esclavagistes et anti-esclavagistes, car le but des meneurs devenait chaque jour plus clair. Les places publiques, les clubs, les maisons, les chaires chrétiennes, retentissaient de discours pour ou contre l'esclavage des Nègres. Bien des gens ne se montraient plus sans orner leur ceinture d'une panoplie de pistolets et de poignards. La foule pendit trois partisans de la liberté, mais, par bonheur, en effigie seulement. Comme l'écrivait Coles, « l'esclavage est un tel poison, qu'il jette dans le délire ses partisans ». Heureusement ses adversaires, parmi lesquels étaient la plupart des hommes religieux et des prédicateurs de l'Évangile, gardaient mieux leur sang-froid. Coles était à leur tête, leur cherchant partout des alliés, encourageant les hommes de talent et de bonne volonté à écrire en faveur de la cause libérale, répandant les journaux et les brochures, pesant sur l'opinion de tout le poids de son influence personnelle, administrant de son mieux l'État malgré l'opposition systématique et souvent injurieuse de la majorité législative. Le conflit dont il avait été l'auteur involontaire remuait profondément sa pensée et son cœur. « Je suis né, – écrivait-il à l'un de ses amis, l'anglais Flower, qui, après s'être établi dans le Kentucky avait, comme Coles, émigré en Illinois pour fuir le contact de la servitude, – je suis né au sein même de l'esclavage des Noirs, je l'ai vu, avec tout ce qu'il amène, j'ai réfléchi sur sa nature, et, comme il m'a été impossible de le concilier avec ma croyance tant politique que religieuse, j'ai abandonné mon pays natal, mes vieux parents, mes amis, pour chercher ici des principes et des mœurs conformes à mes sentiments. Jugez de ce que j'éprouve en assistant aux efforts aujourd'hui tentés pour faire de notre libre société une odieuse association de maîtres et d'esclaves ! »

Le temps combattit pour la cause à laquelle se dévouaient Coles et ses amis. L'idée de révision avait d'abord été populaire. Le pays souffrait : les temps étaient durs. Des récoltes abondantes, et des débouchés insuffisants ; une industrie languissante, des ouvriers sans ouvrage ; l'or effrayé se cachant, et remplacé par un papier-monnaie, sans valeur réelle et à cours variable, qui retirait aux transactions toute solidité et tout sérieux ; en même temps, le flot de l'émigration, source de tant de richesses, se détournant de l'Illinois pour se porter vers le nouvel État du Mississipi : telle était la situation, bien faite pour ébranler les courages mal trempés ou les opinions hésitantes. Voyant passer à travers leur pays, mais sans s'y arrêter, de longs convois, wagons pleins d'esclaves, traînés par de superbes chevaux, fiers planteurs, bien équipés, bien montés, et entendant ceux-ci dire qu'ils ne s'établissaient pas dans l'Illinois parce que la loi y interdisait l'esclavage, les fermiers mécontents, les industriels ruinés, enviaient le bonheur des États voisins, et maudissaient le libéralisme importun de leur constitution. Les adversaires de celle-ci exploitèrent habilement ces sentiments égoïstes. Cependant, l'année suivante, les idées changèrent. La situation matérielle s'était-elle améliorée ? Coles avait-il réussi dans ses efforts pour agir sur l'opinion, et en particulier dans sa propagande infatigable de saines notions économiques, montrant qu'à la longue dans les territoires esclavagistes le prix des terres s'avilit, tandis qu'il augmente dans les territoires sans esclaves ? Quelle que fût la raison de ce revirement, le jour du scrutin trouva les esprits bien disposés pour les doctrines conservatrices et libérales, c'est-à-dire pour les idées hostiles à la révision. Celle-ci eût été acclamée un an auparavant ; elle fut, au mois d'août 1824, repoussée par une majorité de 1.872 voix sur 11.772 votants.

IV

Coles avait eu d'autant plus de mérite à combattre vaillamment ce bon combat, que, pendant l'année 1824, un monstrueux procès, œuvre de ses ennemis politiques, mettait ses intérêts privés en péril.

Nous connaissons en partie ce procès par sa correspondance avec son ami Roberts Vaux. Roberts Vaux est une curieuse et attachante figure de quaker. C'est le quaker classique : il est né et a toujours vécu à Philadelphie, la ville fondée par Penn ; il est riche, comme tout bon quaker doit l'être ; il se conforme dans ses lettres à toutes les observances de la secte, tutoie ses correspondants, évite comme un blasphème le mot *monsieur*, se garde d'écrire le nom du mois : soyez sûr qu'un tel homme n'a jamais dit *bonjour* ou *bonsoir*, et n'a ôté devant personne son chapeau de forme basse et à larges ailes. Mais en même temps Roberts Vaux est un quaker conséquent. On a connu des membres de la Société des Amis qui ne conservaient de l'ancienne observance que l'habit à collet droit et le chapeau plat ; ceux-là s'intéressaient aux choses mondaines, ne réprouvaient point la guerre, quand on ne les obligeait pas à prendre eux-mêmes le mousquet, et, dans l'intérêt de la paix universelle, condescendaient à posséder des esclaves. Vaux n'est point de ces relâchés. Il porte avec sérieux et sincérité son titre d'ami du genre humain. C'est un honnête homme, naïf et bon, qui s'éprend de Coles, le sert avec zèle dans sa lutte contre les idées esclavagistes, écrit pour lui tracts et brochures, et devient peu à peu le plus intime et le meilleur confident du gouverneur de l'Illinois. Une des plus belles lettres de Coles est celle où il raconte à Roberts Vaux l'histoire du procès intitulé, dans la langue juridique américaine, *The county of Madison* versus *Edward Coles*. Voici quelle en fut l'occasion.

On se rappelle que Coles, avant d'entrer dans l'Illinois, avait donné à ses esclaves un acte d'affranchissement général, puis, sur l'avis du jurisconsulte Cook, et pour se conformer à une loi récemment votée, avait, une fois arrivé dans l'État, remis à chacun d'eux un certificat individuel de libération. Il devait se croire en règle ; il ne l'était pas encore. Les pouvoirs législatif et exécutif de l'Illinois avaient, à cette époque, une singulière habitude : on votait une loi, puis on laissait passer de longs mois avant de la promulguer par une publication officielle. Une autre loi avait été votée quelques mois avant que Coles devînt citoyen de cet État : elle défendait d'y introduire un Nègre pour l'affranchir, à moins de prendre l'engagement, sous une caution personnelle de mille dollars, que ce Nègre ne tomberait jamais à la charge publique ; « l'émancipateur » qui omettait de prendre cet engagement était passible d'une amende de deux cents dollars pour chaque affranchi. Ni Coles, ni Cook lui-même ne connaissaient l'existence de cette loi ; cela était pardonnable, pour le premier surtout, car elle n'était pas encore promulguée : elle ne le fut que cinq mois après l'installation des Nègres de Coles dans l'Illinois. Les esclavagistes en prirent cependant prétexte pour traduire Coles en justice.

Le meneur de cette nouvelle intrigue, l'instigateur du procès, y avait personnellement peu d'intérêt ; quand même les affranchis (qui d'ailleurs avaient tous prospéré) auraient dû tomber un jour à la charge de l'assistance publique, il n'eût point eu à y contribuer pour sa part, ne possédant aucune propriété et ne payant point d'impôt. Raison de plus pour crier fort : en pays démocratique ce ne sont pas, on le sait, les plus imposés qui tiennent généralement les cordons de la bourse. On ne nous dit pas quelles autorités du comté de Madison, domicile des affranchis de Coles, se décidèrent à intervenir ; je ne suis point assez versé dans la procédure illinoise pour expliquer clairement la marche suivie ; toujours est-il qu'à la session de mars 1824, tenue par la cour de circuit d'Edwardsville, le procès « du comté de Madison *versus* Edward Coles » fut pour la première fois appelé.

La cour de circuit, assistée d'un jury, siège au moins deux fois par an dans chaque comté : elle connaît de toutes les affaires importantes, et occupe en Amérique, dans chaque État, le troisième degré de la hiérarchie judiciaire. Au-dessus d'elle, il n'y a que la cour suprême de l'État, dont le juge unique, assisté d'un juge adjoint qui lui prépare et lui expose les affaires, siège tour à tour dans les divers comtés ; celle-ci joue à peu près le rôle de notre cour de cassation. La magistrature est presque partout élective, soit par le suffrage direct, soit par le vote des parlements locaux. En Illinois, à l'époque dont nous nous occupons, elle se recrutait par ce dernier mode. Dans un de ses messages, Coles appelle l'attention des membres de la législature sur le devoir qui leur incombe d'appeler aux fonctions judiciaires – « à ces fonctions les plus hautes de toutes, car de la sagesse de ceux qui les remplissent dépendent nos fortunes et nos vies » – les hommes les plus dignes par leur capacité, leur science et leur caractère, et de laisser de côté, dans cette élection, tout préjugé personnel et toute partialité politique. Paroles d'un sage, qui prêche dans le désert. Nous avons sous les yeux une lettre adressée à Coles lui-même par un candidat à une fonction dont la nomination dépendait du gouverneur. « Si vous me nommiez, dit le candidat, cela me serait personnellement très avantageux, et aussi me permettrait de faire du bien à mes amis et du mal à mes ennemis, » *it woult benefit me individually, and enable me to serve my friends and punish my ennemies.* Tous les candidats aux fonctions électives de la judicature n'avaient pas la candeur ou la franchise de dire tout haut à ceux de qui dépendait leur nomination ce qu'un candidat à des fonctions d'un autre ordre osait ainsi écrire au gouverneur ; mais la plupart le pensaient tout bas : c'était une clause sous-entendue du marché passé entre eux et leurs électeurs. Malheur par conséquent aux adversaires politiques qui devaient ensuite comparaître à leur barre ! Coles en fit la dure expérience.

Son affaire avait été appelée à la session de mars, puis renvoyée à celle de septembre. Un esclavagiste, le juge Reynolds, présidait alors la cour. Aussi toutes les exceptions, même les mieux fondées, opposées par Coles à la poursuite furent successivement rejetées ; le jury, appelé à se prononcer, condamna le défendeur à une amende de deux mille dollars. La loi permettait à celui-ci de réclamer un nouvel examen de la cause à une autre session : elle revint donc une troisième fois, en mars 1825, devant la cour de circuit, appelée à décider s'il y avait ou non lieu d'accorder *a new trial.* La cour avait alors pour président un esclavagiste, le juge McRoberts, et la motion de Coles fut repoussée, bien qu'il invoquât, cette fois, une amnistie votée deux mois auparavant par la législature en faveur de ceux qui avaient contrevenu, comme on l'en accusait, à la loi sur les Nègres affranchis. Un arrêt de la cour de circuit, digne assurément de prendre place parmi les plus curieux monuments d'ineptie que les fastes judiciaires aient jamais enregistrés, décida que, dans le cas présent, le parlement n'avait pas eu le droit de s'opposer par une loi nouvelle au recouvrement d'amendes déjà prononcées : cela revenait à dire qu'une amnistie ne saurait avoir d'effet rétroactif ! Décidément, élective ou non, une magistrature politique est une belle chose.

Laissons ces misères, et, pour l'honneur de l'humanité, regardons une grande chose, l'âme de celui qui souffrait pour la justice. « Jusqu'à présent, écrivait Coles à Roberts Vaux au cours de son procès, j'avais eu la bonne fortune de toujours vivre en parfaite harmonie avec les autres hommes. La haine et la persécution dont je viens d'être victime m'ont fait entrer dans un nouvel ordre de sentiments : j'ai voulu jeter un regard sur ma conduite passée pour voir si elle avait été juste. En faisant cette revue, j'ai eu la joie de reconnaître que je n'avais sérieusement offensé personne ; mais j'ai senti une profonde douleur à la pensée des violences auxquelles j'ai été en butte, quand mon seul crime est d'avoir demandé pour tous les hommes des droits égaux, et d'avoir fait obstacle à ceux qui voulaient acquérir le pouvoir d'opprimer leurs frères. Considérant de ce point de vue ma situation, je remercie la Providence de m'avoir fait souffrir pour une grande cause, et je lui rends grâce de m'avoir constitué de telle sorte qu'il n'y ait point de place en moi pour le doute, la crainte ou l'hésitation. Mes opinions ont été longuement et mûrement formées, j'ai pris avec réflexion le chemin que je suis ; les calomnies, les persécutions ou les menaces ne m'en feront pas dévier. »

Cependant Coles n'était pas à la fin de ses épreuves. Il en avait appelé de la cour de circuit à la cour suprême ; celle-ci cassa la décision du juge McRoberts. Mais Coles n'avait pas eu la patience d'attendre que justice fût ainsi rendue au bon sens et au bon droit. Un article portant sa signature, et critiquant l'étrange arrêt de McRoberts, avait, quelque temps auparavant, paru dans un journal. McRoberts saisit avidement l'occasion que lui offrait l'imprudence de sa victime. Deux nouveaux procès furent par lui intentés à Coles, un procès criminel pour libelle, un procès civil en son nom propre, demandant cinq mille dollars de dommages-intérêts. Malgré les efforts de Coles, qui aurait voulu sortir triomphant de la nouvelle lutte suscitée par la malice de ses ennemis, l'accusation fut abandonnée, et l'action civile tomba d'elle-même. À la fin de l'année 1826, il pouvait enfin respirer librement : toutes les chicanes de la procédure américaine étaient venues s'émousser contre l'*aes triplex* de sa fière et intrépide conscience, non sans lui faire cependant au cœur plus d'une secrète blessure.

V

Cette année 1826 marqua la fin de la vie publique de Coles. Ses pouvoirs de gouverneur expiraient : il dit adieu au petit parlement de l'Illinois par un message fort digne, dans lequel il pousse une dernière fois le cri de la justice et de l'humanité. Demandant aux Chambres de voter des lois qui missent la condition des malheureux enfants de l'Afrique en harmonie avec les institutions politiques de l'État, il les conjure surtout d'effacer des codes la présomption barbare qui voyait dans tout homme de couleur un esclave, à moins qu'il n'apportât la preuve écrite de sa liberté, et de la remplacer par la présomption contraire : tout homme, quelle que soit sa couleur, est libre, si l'on ne prouve qu'il est esclave.

Rendu à la vie privée, Coles, qui aimait l'agriculture, continua pendant plusieurs années de résider près de sa ferme d'Edwardsville. Mais, de temps en temps, il allait revoir la vieille maison paternelle en Virginie. Les impressions si vives produites dans ce pays par son exil volontaire et l'affranchissement de ses Nègres s'étaient effacées : l'autorité de son caractère personnel, la grande notoriété politique acquise désormais par lui, imposaient partout le respect. D'ailleurs, il n'avait pas cessé d'entretenir d'affectueux rapports avec les membres de sa famille, et il s'intéressait passionnément aux destinées de son pays natal ; une lettre écrite par lui en 1826 à son beau-frère, John Rutherford, qui venait d'être élu membre de la législature virginienne, montre dans quelle voie il ne désespérait point (les événements, hélas ! lui ont donné tort) de voir un jour entrer le vaste et bel État qui avait été son berceau. J'en détache un passage curieux qui contient, avec un parallèle du sort des Nègres dans les colonies d'origine espagnole et britannique, des vues sages, patientes, modérées, sur l'amélioration graduelle de la condition des esclaves, là où l'émancipation immédiate ne serait pas jugée possible :

« L'histoire des colonies anglaises et espagnoles montre, dit-il, que les esclaves se sont mieux conduits là où ils ont été mieux traités et ont eu devant les yeux la perspective de l'affranchissement, tandis que les insurrections ont été plus fréquentes dans les lieux où ils ont été opprimés, et où la loi a rendu les affranchissements rares et difficiles. Nous n'entendons jamais parler de révoltes dans les îles espagnoles [5], où les esclaves sont placés sous l'attentive protection de la loi, et où chacun peut librement affranchir. La Virginie devrait rapporter la loi prohibitive de l'émancipation, interdire le trafic des esclaves, presque aussi odieux que la traite africaine, restreindre le pouvoir qu'a le maître de disposer de ses Nègres, en l'empêchant de séparer l'enfant du père, le mari de la femme, et, autant que possible, attacher l'esclave au sol natal ; elle doit surtout veiller à ce que l'on enseigne aux esclaves les devoirs de la religion, étendre sur eux la protection des lois, punir le maître cruel, affranchir ou au moins vendre à un autre maître l'esclave maltraité. De telles mesures auraient le plus salutaire effet ; on pourrait imiter l'Espagne, qui permet à ses esclaves de racheter une partie de leur temps dès qu'ils en ont le moyen : ainsi, un Nègre valant **600** shillings peut, en payant **100** sh., acquérir la libre disposition d'un jour par semaine, de deux jours en en payant **200**, etc. » Coles serait d'avis que l'on pût ensuite établir en dehors de l'État les Noirs libérés ; mais sa pensée n'est point méprisante comme celle de Jefferson : il déplore « le malheureux préjugé existant entre les

Blancs et les Noirs, et faisant qu'il est de l'intérêt des uns et des autres de vivre séparés ».

« Si je pouvais apprendre que des lois meilleures ont été adoptées par mon pays, quand même il ne me serait pas donné de voir la complète émancipation, je mourrais au moins avec la consolation de croire que justice sera un jour rendue aux descendants des malheureux Africains, et que mon pays, la lointaine postérité de ma famille, sinon mes neveux et nièces, vivront enfin en paix et en sûreté, délivrés de la perpétuelle menace que fait peser sur tous un système odieux et contre nature, fécond en haines, en divisions, en guerres domestiques. »

Coles s'était trompé : les planteurs de la Virginie refusèrent d'entrer dans les voies larges et généreuses qu'il entrouvrait devant eux. Lorsque, quarante ans plus tard, retiré depuis de longues années à Philadelphie, il reçut la nouvelle de la prise de Richmond, des ruines et des humiliations sans nombre souffertes par sa patrie, le vieux Virginien dut se souvenir de ses conseils méprisés, et pleurer sur l'orgueil obstiné qui avait forcé la Providence à porter de tels coups et à infliger de telles leçons. Mais, s'il n'avait pu préserver la Virginie, il garde au moins la gloire d'avoir sauvé l'Illinois. Sans l'énergie montrée par lui pendant les pénibles et orageuses années de son gouvernement, cet État eût ouvert ses frontières à la servitude, et se fût probablement laissé entraîner à la dérive par le lâche courant qui portait un grand nombre de ses habitants vers les idées et les mœurs esclavagistes. Coles se mit en travers, et le courant s'arrêta. C'est le grand acte de sa carrière politique. Mais il n'eut la force de l'accomplir que parce qu'il s'était fait, tout jeune, des convictions profondes, et parce qu'il avait proposé à sa vie privée comme à sa vie publique le même idéal de justice. Là fut la source de son autorité morale. Entre l'homme public et l'homme privé il n'y eut jamais chez lui la plus légère dissidence : quand il se levait pour lutter en faveur de la bonne cause, c'était tout d'une pièce, comme les chevaliers d'autrefois, et la même conscience l'enveloppait entièrement de son airain. Qu'on ne s'étonne pas de telles expressions employées à propos d'un citoyen des États-Unis : trouverait-on dans l'Ancien Monde beaucoup de vies plus nobles, plus pures, plus vraiment chevaleresques, je répète ce mot, que celle de l'homme qui, avant de rompre des lances en faveur de la liberté des Noirs, commença par affranchir tous les siens, c'est-à-dire par se dépouiller et s'appauvrir, afin d'acquérir le droit de combattre la tête haute, et d'ajouter à la parole le poids de l'exemple ? Plus tard, quand la lutte ne fut plus seulement entre les libéraux et les esclavagistes, quand elle fut autant et surtout entre le Nord et le Sud, la liberté put avoir des champions moins désintéressés ; mais l'épisode que nous venons de raconter appartient à une autre époque, il met en relief un héros pur de tout alliage, et méritait, ce nous semble, pour l'honneur de l'humanité, d'être tiré de l'oubli.

Paul ALLARD, *Études d'histoire et d'archéologie*, 1899.

---

[1] *Sketch of Edward Coles, second governor of Illinois, and the slavery struggle of 1823-1824.* Un volume, Chicago, 1883.

[2] En 1860, sur 4 millions 600 mille suffrages environ exprimés dans les élections primaires, Lincoln se trouva en minorité de plus de 900.000 voix. Mais la comparaison ne peut être faite que jusqu'à un certain point, parce que, si les élections des gouverneurs d'État sont à un seul degré, l'Élection du président des États-Unis est à deux degrés, et Lincoln obtint, dans le collège présidentiel, une majorité de 29 voix sur 303 votants.

[3] Il s'appelait Hubbart ; c'était un niais. Voici un spécimen d'un discours prononcé par lui en 1826, quand, enivré par un premier succès, il osa briguer les fonctions de gouverneur : « Concitoyens, je pose ma

candidature. Je ne prétends pas être un homme de talents extraordinaires ; je ne me donne pas pour l'égal de Jules César ou de Napoléon Bonaparte, ni même pour un grand homme, comme mon concurrent. Cependant, je me crois capable de vous gouverner assez bien. Je ne pense pas qu'il y ait besoin d'un homme extraordinaire pour vous gouverner. À vrai dire, concitoyens, je ne vous crois pas très difficiles à gouverner tant bien que mal. » Tel était le *simpleton* que le suffrage universel imposait pour lieutenant à Coles pendant quatre ans !

4 Pour donner une idée de la carrière d'un Américain, voici les différentes situations occupés par Hansen pendant neuf ans de séjour en Illinois, de 1890 à 1829 : maître d'école ; – colonel ; – Juge ; – député ; – invalidé ; – une seconde fois député ; – démissionnaire ; – général ; – juge *of probate*. – En 1889, il quitta l'Illinois, et mourut en 1872, à l'âge de quatre-vingt-onze ans. « His only fault was a love of liquor. »

5 Ces paroles ont malheureusement cessé d'être vraies. Mais les éloges que donne ici à la législation espagnole sur l'esclavage un témoin assurément peu suspect, étaient mérités. À Cuba, écrivait en 1861 M. Cochin, dans son beau livre sur l'*Abolition de l'Esclavage* (t. II, p. 194), « l'esclavage est doux ; il l'a toujours été dans les colonies espagnoles. Des lois humaines assurent protection à l'Africain, comme autrefois à l'Indien. Elles lui confèrent quatre droits : celui de changer un maître contre un autre, si l'esclave en trouve un disposé à l'acheter ; celui de se marier ; celui de se racheter peu à peu par le produit de son travail ; celui de racheter sa femme et ses enfants. »